# RECEVIL
## DES PRINCIPAVX POINCTS
## DV PROCES,
## POVR MADAME LA DVCHESSE DE BOVILLON.
## CONTRE LE SIEVR DE S. IEAN.

Inſcription en faulx contre vn Teſtament, vingt ans apres qu'il a eſté produiƈt & mis au Greffe, n'eſt pas receuable : meſme pour l'intereſt ciuil.

Explication de la Loy *Querela. C. Ad L. Corneliam de falſis.*

M. DC. XXVII.

# SOMMAIRE DV RECEVIL.

FINS DE NON RECEVOIR.

Pag. 5. *Iugé contre la Dame de Sardini representant les droits du Sieur de S. Iean & des autres qui eussent esté coheritiers* ab intestat.

Pag. 10. *Nulle collusion.*

Pag. 6. *Droit successif iugé auec l'vn des coheritiers, est tenu pour iugé auec tous les autres.*

Pag. 7. *La Dame de Sardini & le Sieur de*
8. 9. *S. Iean, au faict qui se presente, doiuent estre considerez comme vne seule & mesme personne.*

Pag. 15. *Le Sieur de Limeuil a peu disposer*
16. *des biens esquels par le contract de mariage de Gilles de la Tour son pere il auoit esté institué heritier. Et n'a peu estre chargé de substitution par le Testament de son pere au preiudice de ladite institution contractuelle.*

Pag. 17. *Le Sieur de S. Iean n'a point igno-*
18. *ré l'inscription en faulx de la Dame de Sardini, ny l'arrest interuenu contre elle, ains ayant veu l'vn & l'autre a transigé auec conseil, & ainsi*

*a executé ledit arrest.*

Pag. 19. *Et a transigé sur la pretenduë faulseté.*

Pag. 20. *Inscription en faulx non receuable vingt ans apres que les actes maintenus faulx ont esté produits.*

---

Pag. 21. *Explication de la loy* Querela. C. Ad L. Corneliam de falsis.

Pag. 23. *Erreurs de la Glose.*

Pag. 24. *Prescription de vingt ans en matiere criminelle n'esteint pas le crime, mais exclud l'accusation, & tient l'accusé innocent. D'où s'ensuit que l'accusateur ne peut pretendre aucun interest ciuil, ny restitution de quelque chose que ce soit.*

*Es matieres où il y a quelque apparence d'iniustice de part & d'autre, il faut iuger pour la partie où il y a moins d'iniustice.*

Pag. 25. *Es matieres où le temps apporte obscurité ou ambiguité, il faut tenir pour l'innocence.*

Pag. 30. 36. *Le long temps nuist à l'innocence & à la verité.*

GILLES DE LA TOVR espousa l'an 1531 MARGVERITE DE LA CROPTE: eurent sept enfans :

Par contract de mariage l'aisné des enfans qui en seront procréez, s'il est habile, est institué heritier vniuersel.

1 GALIOT de la Tour, qui a fait deux testamens 1579. 1588. & vn codicille 1591. & par iceux a institué son heritier vniuersel Messire Henry de la Tour, Duc de Boüillon son cousin.

2 3 CHARLES & IACQVES decedez auant Galiot.

4 ISABEAV mariée au Sieur de Sardiny, auec laquelle est interuenu l'Arrest de 1600.

5 PHILIPPE mariée à Antoine de Roquefueil.

FRANCOIS & MARGVERITE demandeurs en inscription en faulx contre les Testaments & Codicille de Galiot.

6 7 ANTOINETTE & MARGVERITE.

# RECEVIL DES PRINCIPAVX POINCTS DV PROCEZ,

*Pour Dame Elizabeth de Nassau, veuve de Meßire Henry de la Tour, Duc de Boüillon, premier Mareschal de France, Vicomte de Turene, Seigneur de Limeuil & Lanquais, tant en son nom que comme tutrice des enfans dudit defunct & d'elle, defenderesse, & incidemment demanderesse en Requeste du 21. Iuin 1625.*

*Contre François de Roquefueil, sieur de Sainct Iean, & Damoiselle Marguerite de Roquefueil, sa sœur, demandeurs en inscription en faux, & defendeurs à ladite Requeste.*

C'EST le desir naturel, & le vœu ordinaire des personnes de qualité eminente, & de maison illustre, comme est la maison de la Tour, qu'apres leur decés, à default d'enfans masles, leurs terres & seigneuries soient possedées par celuy des masles de leur nom, qui leur est le plus proche: mesmement quand celuy-là est iugé par eux, pouuoir soustenir l'esperance qu'ils ont, de laisser à la posterité la gloire & la splendeur de leur maison.

Ainsi le Seigneur de Limeuil, Messire Galiot de

la Tour, se voyant sans enfans, ietta les yeux sur Monsieur le Duc de Boüillon son cousin, pour lors seul masle portant le nom & les armes de la Tour, & par deux Testamẽs, l'vn en 1579. l'autre en 1588. & vn Codicille en 1591. l'institua son heritier vniuersel: prejugeant que la vertu & generosité de ce sien parent, estoit pour esleuer la reputation de ses ancestres iusques aux plus hauts degrez de loüange & d'honneur.

Donc apres le decés du sieur de Limeuil, sur la fin de l'année 1591. en vertu de ces Testamens & Codicille Monsieur de Boüillon fut mis en possession des biens du defunct, & particulierement des terres & seigneuries de Limeuil & Lanquais, au veu & sceu d'vn chacun.

En l'année 1594. il fut troublé par Dame Isabeau de la Tour, l'vne des sœurs du sieur de Limeuil, mariée auec le sieur Sardini, laquelle s'inscriuit en faulx contre les Testamens & Codicille, fournit de moyens de faulx: les fit declarer pertinens: fit diuerses informations: vn Conseiller de la Cour fut commis, & se transporta sur les lieux: fut intimé en son propre & priué nom: & sur l'appel interietté de la procedure, la cause plaidée durant quatre matinées, les parties appoinctées au Conseil; Autres procedures par l'espace de cinq ans: En fin la verité preualut contre la calomnie: Et par Arrest du 4. Mars 1600. les Testamens & le Codicille furent declarez bons & veritables, & en vertu d'iceux Monsieur de Boüillon maintenu & gardé en la possession & saisine des biens de la succession du sieur de Limeuil, comme son heritier vniuersel institué suiuant les Testamens & Codicille du defunct. Ce sont les propres termes de l'Arrest.

En suitte & en execution duquel, non seulement la Dame de Sardini, mais encore toutes les autres sœurs du sieur de Limeuil ont transigé & accordé auec Monsieur de Boüillon pour supplémens de legitimes & pour legs que le defunct leur auoit fait par ces mesmes Testamens & Codicille, & nommément les parties aduerses, à sçauoir François de Roquefeuil sieur de Sainct Iean, tant en son nom que comme donataire vniuersel de Marguerite de Roquefeuil sa sœur, eux deux enfans de Philippe de la Tour sœur du defunct testateur, par transaction passée le 24. May 1610. moyennant la somme de quarante-cinq mil liures, laquelle luy a esté payée.

En 1613. Marguerite de Roquefeuil fit publier & afficher aux portes de l'Eglise de Lanquais vn escrit contenant defenses de par le sieur de Sainct Iean & elle, se disans Seigneurs de Limeuil & Lanquais, aux habitans desdits lieux, de recognoistre ny aduoüer pour Seigneurs, autres qu'elle & le sieur de Sainct Iean son frere. Et en mesme temps le sieur de Sainct Iean assembla nombre de gens auec port d'armes aux enuirons de Lanquais, à dessein de surprendre la place, & de s'en emparer par force: dont fut informé & decreté par le Viseneschal, lequel s'estant transporté au lieu où ils s'estoient assemblez, fut repoussé auec telle rebellion, que deux de ses Archers furent tuez.

Pour raison de ce trouble Monsieur le Duc de Boüillon forma complainte, & fit assigner les parties aduerses aux Requestes du Palais: à sçauoir, Marguerite de Roquefeuil, pour voir dire qu'il seroit maintenu & gardé en la possession & ioüissance des terres de Limeuil & Lanquais, & autres biens de la succession du sieur de Limeuil: Et le sieur de Sainct Iean pour se voir condamner en vertu de la transaction de l'année 1610. fournir de ratification de Marguerite sa sœur. Et par sentence tous deux ont esté condamnez suiuant les conclusions.

En 1619. ils en ont interjetté appel, & par lettres en forme de relief ont faict inserer vne clause de rescision & restitution contre la transaction de l'année 1610.

Au mois de May 1620. ils se sont inscrits en faulx contre les Testamens & Codicille du sieur de Limeuil, & ont requis les minutes estre representées & mises au Greffe de la Cour.

La poursuitte ayant esté interrompuë par le decés dudit Seigneur Duc, a depuis esté reprise & continuée contre la Dame Duchesse sa veuve, laquelle pour defenses a presenté sa requeste du 21. Iuin, soustenant que les parties aduerses doiuent estre declarez non receuables en leur accusation & inscription en faulx.

Tellement qu'il ne s'agit pas à present de l'instance de lettres pour la rescision de la transaction;

mais ſeulement de l'inſtance d'inſcription en faulx, contre laquelle il y a pluſieurs fins de non receuoir.

La premiere eſt, Que par Arreſt contradictoire du 4. Mars 1600. les Teſtamens & Codicille du ſieur de Limeuil ont eſté iugez valables & veritables auec Iſabeau de la Tour, femme du ſieur Sardini, ſœur aiſnée dudit ſieur de Limeuil, & Monſieur de Boüillon, comme ſon heritier inſtitué, maintenu en la poſſeſſion & ſaiſine de tous les biens de la ſucceſſion.

Or depuis que la qualité d'vne perſonne ou d'vn acte a eſté vne fois contradictoirement iugée, elle demeure pour touſiours & enuers tous valable & conſtante. *Ingenuum dicimus eum de quo pronunciatum eſt. res enim iudicata pro veritate habetur. l. Ingenuum. De ſta. ho.* Et c'eſt proprement le cas excepté de la regle generale, qui dit, *rem inter alios iudicatam, ijs qui iudicio non interfuerunt, neque emolumentum, neque præjudicium irrogare.* La Gloſe le remarque bien preciſément: *Hæc regula fallit, vbicumque fit jus ex ſententia:* & donne l'exemple *in cauſſa inofficioſi teſtamenti:* Vn teſtament, par lequel trois diuerſes perſonnes auoient eſté inſtituez heritiers, eſt declaré inofficieux contradictoirement auec l'vn des coheritiers: ce iugement eſt valable meſme contre les deux autres, bien qu'ils n'ayent point eſté parties au procés, auquel le iugement eſt interuenu. La raiſon de cela eſt, que le iugement ou l'arreſt qui a declaré le teſtament inofficieux, a iugé que le testateur lors du testament n'estoit pas en estat de pouuoir tester valablement: Et au contraire si le Iuge a confirmé le testament, & a maintenu les heritiers instituez contradictoirement auec l'vn de ceux qui auoient interest à faire casser le testament, il est certain que ce iugement doit auoir lieu & est valable contre tous les autres, bien qu'ils n'ayent pas esté parties audit iugement, parce que le Iuge a declaré & iugé le testament bon & valable; ce qui ne peut auoir esté fait à l'égard de l'vn, qu'il ne porte aussi consequence à l'égard de l'autre. *Hoc enim casu jus fit ex sententia judicis, & testamenti factionem defunctus habuisse creditur. l. qui repudiantis. §. cum contra. De inoff. test.*

De mesme quand la Cour sur l'inscription en faulx formée par la Dame de Sardini, a maintenu & gardé Monsieur de Boüillon en la possession & ioüissance des biens dont il s'agit, comme heritier institué par le testament du sieur de Limeuil, elle a iugé le testament bon & valable & veritable; Et quand elle l'a ainsi iugé contradictoirement contre la Dame de Sardini, il ne faut point douter qu'elle ne l'ait entendu aussi iuger & declarer bon & valable & veritable contre le sieur de Sainct Iean, & contre tous ceux qui, cessant le testament, eussent eu pareil droict que la Dame de Sardini. Car estant veritable & valable, comme il est, & comme la Cour l'a iugé, il est tel pour tousiours, & contre toutes personnes.

Voila vn cas auquel, *res inter alios iudicata alijs præ-*

*iudicium irrogat.* Il y en a encore vn autre aussi decisif de ce poinct, en la loy *Eum qui. §. In popularib. De iurejur.* Anciennement la poursuitte & l'accusation de faulx, comme de tous les autres crimes, estoit populaire & publique : c'est à dire, qu'il estoit permis à vn chacun de se rendre denonciateur & accusateur. Estant donc aduenu en vne action de ceste qualité, que quelqu'vn se fust rendu accusateur, *si actum fuerat bona fide, ἀσυνδήτως*, cōme disent les Auteurs des Basiliques, si la poursuitte auoit esté faicte de bonne foy, sans fraude, sans collusion, sans complot ; En ce cas ce qui estoit iugé au profit & à la descharge de l'accusé, seruoit à l'accusé cōtre tous autres accusateurs. *In popularibus actionibus iusiurandum exactum, ita demum aduersus alios proderit, si bona fide exactum fuerit. nam & si quis egerit, ita demum consumit publicam actionem, si non per collusionem actum sit.* Ces actions publiques & populaires ne sont pas en vsage parmy nous : & nul n'est receu partie en action criminelle, s'il n'y a interest particulier : mais neantmoins ce que le Iurisconsulte dit en ceste loy de l'action criminelle, qui lors estoit publique, doit auoir lieu au faict qui se presente, qui est vne inscription en faulx, action criminelle, commune entre plusieurs personnes pareillement interessez, à sçauoir, entre toutes les sœurs du sieur de Limeuil. Car cessant le testament, elles sont toutes en pareil droict d'heritieres *ab intestato* : Tellement que l'interest de ceste communauté est tout ainsi que si c'estoit vn intereſt public : & n'y a pour ce regard aucune difference entre la choſe commune & la choſe publique : car la commune eſt publique à pluſieurs, & la publique eſt commune à tous. Et partant puis que de ceſte communauté de ſœurs également intereſſées au teſtament du ſieur de Limeuil ; l'vne, à ſçauoir, la Dame de Sardini, ſe trouue auoir intenté accuſation & formé inſcription en faulx, tout ainſi que le Iuriſconſulte dit : *In popularibus actionibus, ſi quis egerit, conſumit publicam actionem.* Auſſi deuons-nous dire en ceſte action commune: *Eam quæ egit, conſumpſiſſe communem actionem.* En telle ſorte, que ce qui a eſté iugé contre la Dame de Sardini en faueur du teſtament, eſt vn prejugé contre les trois autres ſœurs: car elle a vſé & conſumé par ſon action toute la faculté d'agir, laquelle auparauant eſtoit commune entre les trois autres.

Il n'y a que deux cas auſquels il eſt permis à vne autre partie d'agir & intenter vne action toute nouuelle. L'vn eſt quand le iugement n'a pas eſté contradictoire, mais ſeulement par defaut, *d. §. Cum contra. De inoff. teſtam.* car en ceſte rencontre *non creditur ius ex ſententia fieri,* pource que l'on preſume que la ſentence a eſté renduë *in odium contumaciæ,* & non pour le merite de la cauſe. L'autre cas eſt, quand le ſecond accuſateur a ignoré la pourſuitte du premier, & que par ce moyen le iugement eſt interuenu à la deſcharge de l'accuſé par la colluſion & preuarication du premier accuſateur.

teur. La loy eſt elegante, *Si cui. §. iiſdem criminib. De accuſationib. & inſcrip. Iiſdem criminibus, quibus quis liberatus eſt, non debet Præſes pati eundem accuſari. & ita D. Pius Saluio Valenti reſcripſit.* Apres auoir poſé ceſte maxime, le Iuriſconſulte ſe repreſente ceſte difficulté; *Sed hoc vtrum ab eodem, an nec ab alio accuſari poſſit? Videndum eſt.* Et en ſuitte il adiouſte ſa reſolution. *Et putem, quoniam res inter alios iudicatæ alteri non præjudicant, ſi is qui nunc accuſator exiſtit, ſuum dolorem perſequatur, doceátque ignoraſſe ſe accuſationem ab alio inſtitutam, magna ex cauſſa admitti eum ad accuſationem debere.* Il dit, *magna ex cauſſa*, termes vſitez, quand il eſt queſtion d'vne regle generale, de laquelle il ne ſe faut nullement departir, ſi ce n'eſt pour vne tres-vrgente & tres-apparente raiſon. Comme en la loy *Papinianus. §. ſi contra. De Inofficioſo teſt. inofficioſi querela auditur poſt quinquennium, ex magna & iuſta cauſſa:* c'eſt à dire, par vne grande diſpenſe, & par vn paſſedroit, qui ne doit auoir lieu, ſinon lors qu'il appert de fraude & de colluſion commiſe par la partie aduerſe. La Gloſe du §. *Iiſdem criminib.* ſuiuant l'opinion de l'ancien Interprete Ioannes, l'explique: *Magna ex cauſſa, Scilicet ſi doceat de præuaricatione prioris accuſatoris.*

Il faut donc commencer par là, & monſtrer que le premier, qui a formé l'accuſation & l'inſcription, a preuariqué. Et auparauant que le ſecond accuſateur, ou la ſeconde accuſation ſoit receuë, il faut que la colluſion & preuarication du premier ſoit clairement auerée ; & non ſeulement auerée , mais encore iugée. Et iuſques à ce, l'Arreſt precedent doit demeurer ferme & ſtable enuers tous & contre tous. Cela eſt expreſſément decidé en la loy 3. *De præuaricationib. Si reus accuſatori publico iudicio ideo præſcribat, quod dicat ſe eodem crimine ab alio accuſatum & abſolutum, cauetur lege Julia publicorum, vt non prius accuſetur, quam de prioris accuſatoris præuaricatione conſtiterit, & pronunciatum fuerit.* Ces paroles ſont remarquables, *non prius quam conſtiterit, & pronunciatum fuerit.*

Voyons maintenant ſi nous ſommes aux termes de pratiquer ceſte diſpenſe : & ſi l'on peut dire qu'au ſujeſt de l'Arreſt contre la Dame de Sardini, il y ait eu colluſion ou preuarication. Il n'y eut iamais d'inſtance pourſuiuie auec plus de chaleur, ny auec plus d'animoſité. Tout ce qui ſe peut imaginer d'atroce & de violent entre deux parties aduerſes, fut exercé ; iuſques à prendre à partie & intimer en ſon propre & priué nom le Commiſſaire enuoyé ſur les lieux, bien qu'il fuſt Conſeiller en la Cour : iuſques à ſe traduire & diffamer de part & d'autre en pleine audience durant quatre matinées : Et apres vn appointé au Conſeil, la Cour ayant veu & examiné les moyens de faux, les informations faictes ſur iceux, & ayant recogneu qu'il n'y auoit nulle apparence en la pretenduë fauſſeté : en fin, conſiderant que la Dame de Sardini, Iſabeau de la Tour, auoit l'honneur d'attoucher de parenté Monsieur le Duc de Boüillon, & portoit son nom, & que la noter de calomnie, c'estoit tacher vne maison tres-illustre, elle voulut pardonner à l'honneur, *& verbi lenitate tristitiam rei mitigando*, se contenta sur l'inscription en faux de mettre les parties hors de Cour & de procez: mais en ce faisant elle voulut declarer qu'elle jugeoit les Testamens bons & veritables: car en suitte elle adjouste, Qu'elle maintient & garde Monsieur de Boüillon en la possession & joüissance des biens de la succession du sieur de Limeuil, comme son heritier institué. Peut-on dire qu'il y ait eu en cela aucune collusion, intelligence, ou preuarication?

Ouy, mais, disent les parties aduerses, l'auctorité d'vn jugement n'empesche pas de se pouruoir, quand on veut soustenir que les pieces sur lesquelles le Iuge a fondé son iugement, sont faulses: & les Empereurs mesmes en font l'ouuerture en la loy 1. *C. Si ex fal. instr. Si tabulas testamenti, quas secutus Proconsul V. Cl. sententiam dixit, falsas dicere vis, præbebit notionem suam, nonobstante præscriptione rei judicatæ.* Il est vray que les Empereurs ont faict ceste Ordonnance: mais il la faut prendre toute entiere: car eux-mesmes l'expliquent, & en rendent ceste raison, *quia nondum de falso quæsitum est.* & la Glose dit, *Secus, si fuisset in primo judicio quæsitum.* Tellement que s'il appert que *semel de falso quæsitum sit*, & que neantmoins les pieces ayent esté iugées valables & veritables, il n'est pas loisible apres vn Arrest, de reuoquer en doute la foy ny la verité des mesmes pieces, *Obstat præscriptio rei iudicatæ. Nefas quærere de quo jam judicatum.*

C'est la premiere fin de non receuoir que la Dame Duchesse de Boüillon oppose à l'inscription en faulx des parties aduerses. Inscription non receuable, parce que des-ja la Cour par vn Arrest contradictoire a declaré les Testamens & Codicille du sieur de Limeuil bons & veritables sur l'inscription en faulx formée par la Dame de Sardini, leur tante, contre laquelle ces actes ont esté produits. Et ayans esté produits contre elle, ils sont censez & reputez produits contre toutes les sœurs du defunct, & mesme contre les parties aduerses qui representent l'vne d'icelles. Ces pieces n'ont pas esté produites particulierement pour monstrer que la Dame de Sardini ne pouuoit rien pretendre en la succession du sieur de Limeuil, mais generalement pour monstrer que pas vne des sœurs du sieur de Limeuil n'y pouuoit rien pretendre, d'autant qu'il auoit faict testament, & institué Monsieur de Boüillon son heritier vniuersel. Et la Cour a iugé, non pas le differend ny l'interest de la Dame de Sardini seule, mais l'interest de toutes les autres sœurs du defunct, qui eussent esté heritieres s'il n'y eust point eu de testament: de sorte que le sieur de Sainct Iean & sa sœur, venans comme heritiers *ab intestato*, & comme representans leur mere, sœur du defunct, il est vray de dire, que la

Cour a prejugé qu'ils ne sont pas receuables, puis qu'elle a prejugé qu'il y a vn bon testament, & que le defunct n'est point decedé intestat.

C'est donc vn iugement rendu contre la mesme personne : sçauoir est, contre vne sœur. Et ce seroit vne absurdité de dire qu'il faudroit autant d'Arrests comme il y a de sœurs. La mesme qualité les vnit en mesme droict, & les sousmet aussi à vn mesme Arrest. Car il seroit iniuste & ridicule, que le mesme testament eust esté iugé & declaré valable & veritable à l'égard de l'vne des sœurs, & qu'il fust declaré faulx à l'égard de l'autre. La verité est vniforme enuers tous & contre tous. Et n'est-ce pas vne assez ample asseurance à Monsieur le Duc de Boüillon, d'auoir obtenu vn iugement precis & contradictoire, si iamais il en fut ? Ne luy est-ce pas vn establissement assez solide, d'auoir son droict approuué, auctorisé, confirmé par vn Arrest dans les Registres de la Cour, dans le depost public du Greffe ? A-il esté tenu de garder les minutes des Testamens, & les autres pieces d'vn gros procez, pour les representer & les remettre en controuerse vingt-cinq ans apres ? Si cela estoit, où en seroient la pluspart des Grands, lesquels sont contraints de commettre le maniment de leurs papiers & de leurs affaires à autruy ? Et qui ne sçait à ce suject les vers de ce Courtisan Romain sur la magnificence de Lucullus ?

*Exilis domus est, vbi non & multa supersunt,*
*Et dominum fallunt, & prosunt furibus.*

Si durant vn procez quelque contract que ce soit a esté vne fois produit & representé à partie aduerse, *postea autem persona contra quam ista chartula vel instrumentum prolatum est, quasi falsum hoc redarguere nitatur*; l'Empereur Iustinian en la loy *Cum quidam. De fide instrumentor.* ne se peut resoudre à escouter la requeste de celuy qui demande à la voir pour la seconde fois. *Quid enim, si, cum nosset deperditam esse chartam, vel forte concrematam, vel alio modo deminutam, hanc requiri assimulans, & ad difficultatem productionis respiciens, huiusmodi faciat petitionem?* Et apres auoir examiné cet inconuenient, il conclud, Que celuy qui vne fois a produit le tiltre dont est question, affermant l'auoir perdu, & luy estre impossible de le representer, il en doit estre deschargé. Sur la fin de la loy il adiouste, que cela doit auoir lieu, mesme quand la cause est encore pendante & indecise: Et si elle est des-ja iugée & terminée, il trenche absolument, & dit, que en ce cas, le demandeur n'est pas receuable à requerir que la piece luy soit representée, quoy qu'il se vueille inscrire en faulx contre icelle. *Si caussa jam plenissimum finem accepit, tunc satis durum est hujusmodi querelæ indulgeri, ne in infinitum caussæ retractentur, & sopita jam negotia per hujusmodi viam iterum aperiantur.*

Voila donc pour ceste premiere fin de non receuoir, Qu'il est iugé par Arrest contradictoire contre Dame Isabeau de la Tour, l'vne des sœurs du defunct, sans aucune collusion. Et bien qu'elle fust seule en l'action & accusation qu'elle auoit intentée contre Monsieur de Boüillon; neantmoins par l'abstention, ou silence des autres, elle estoit capable d'exercer pour ce regard tous les droicts qui leur eussent appartenu. La loy est expresse au Code: *Quando non petentium partes petentibus accrescant.* Et partant elle seule ayant paru auec le tiltre d'heritiere *ab intestato*, ce qui a esté faict & iugé auec elle, est aussi valable comme s'il auoit esté faict auec toutes les autres.

Contre ceste fin de non receuoir, les parties aduerses soustiennent, que l'Arrest ne leur faict aucun preiudice, que le sieur de Limeuil n'a peu disposer au profit de Monsieur de Boüillon, & que la Dame de Sardini n'auoit aucun droict en la succession, d'autant que par testament de Gilles de la Tour, pere de Galiot, sieur de Limeuil, du 18. Aoust 1566. aduenant le decés de Galiot heritier institué, sans enfans, & à defaut de ses freres, Philippe de la Tour, mere des parties aduerses, & apres son decés, ses enfans sont appellez.

Mais eux-mesmes recognoissent assez que ce moyen est impertinent, puis qu'ils ont recours à l'inscription en faulx: laquelle seroit inutile, s'ils auoient dequoy monstrer que Galiot n'a peu tester, & que ceste pretenduë substitution, faicte par Gilles son pere, luy a osté *liberam testamenti factionem*. Ils recognoissent donc que Galiot a peu tester, & que la substitution est nulle. Et de faict par le contract de mariage de Gilles de la Tour auec Marguerite de la Cropte, du 21. Nouembre 1531. il eſt expreſſément conuenu & accordé que l'ainé iſſu de leur mariage, ſ'il eſt habile, ou autre eſleu, ſera heritier vniuerſel en tous les biens des conjoints, à la charge de marier les filles, & fournir la legitime aux autres. Or dudit mariage eſt iſſu Galiot de la Tour, & deux autres enfans maſles, & quatre filles. De tous ces enfans, Galiot eſtoit l'ainé, & habile. De ſorte que par la loy du contract de mariage il a deub neceſſairement eſtre inſtitué heritier. Et partant n'a peu en ſon inſtitution eſtre chargé d'aucune ſubſtitution. Car c'euſt eſté luy borner & retrancher l'effect de l'inſtitution vniuerſelle, & luy oſter la liberté de diſpoſer des biens, eſquels il auoit eſté inſtitué heritier par vne inſtitution pure & ſimple, ſans aucune charge ny condition : inſtitution ſtipulée & conuenuë par vn contract de mariage, lequel, comme il reçoit toutes ſortes de ſtipulations, auſſi depuis qu'il eſt accomply par la celebration du mariage, il tient lieu de loy en la famille : loy preciſe & irreuocable, eſtreinte & confirmée par la conjonction indiſſoluble qui ſ'en eſt enſuiuie. Tellement que les biens de Gilles ont appartenu à Galiot, non en vertu du teſtament de Gilles de l'année 1566. mais en vertu de l'inſtitution contractuelle portée par le contract de mariage de l'année 1531. *quia ex iſta conuentione ſeu contractu & pacto defertur hereditas, & non ex vltima voluntate aut teſtamento. Et hæc opinio ſeruatur de conſuetudine generali Franciæ inter nobiles,* dit

dit Boërius, *Decis.255. num.7. & 8.* Guill. Bened. *in cap. Raimutius, in verbo, Duas filias, num.198.* Cujas en sa Cõsultation 20. dit, que toutes sortes de dispositions, *quæ matrimonij contemplatione fiunt filio ducenti vxorem, omnium præcipue fauorabiles, certæ, constantes & irreuocabiles sunt.* Puis il adiouste: *At ei, cui fauore matrimonij donasti, addere substitutum, quodammodo plenum jus quod in eum contulisti reuocare est.* Et en suitte il conclud, que celuy lequel a esté institué par contract de mariage, ne peut par vn testament posterieur estre chargé d'aucune substitution: car ceste charge seroit vne espece d'affoiblissement & de reuocation: Et la Cour a iugé la validité & irreuocabilité de telles dispositions contractuelles au profit de Monsieur d'Espernon, par Arrest du 27. Mars 1599. Et par autre, pour la Dame de Challais Isabeau de Beauville le dernier Aoust 1602.

Il est donc vray de dire que Galiot *habuit libere*, & a peu tester, comme il a faict, au profit de Monsieur de Boüillon: & s'il n'eust testé, Isabeau de la Tour, Dame de Sardini, & ses autres sœurs, auoient droict de luy succeder. Et partant, par le silence ou abstention des autres sœurs, ladite Isabeau a esté capable d'agir & exercer seule tout ce droict successif: & ce qui a esté iugé pour ce regard auec elle, doit estre tenu pour iugé auec les parties aduerses, & auec toutes les autres sœurs du defunct: car elles n'auoient point d'autre droict qu'elle.

La seconde fin de non receuoir est, Que l'Arrest de l'année 1600. par lequel les testamens du sieur de Limeuil au profit de Monſieur de Boüillon ſont declarez valables & veritables, a eſté recognu, approuué & executé, non ſeulement par la Dame de Sardini, mais auſſi par les autres ſœurs, & nommément par les parties aduerſes, comme vn Arreſt interuenu ſur vn differend, non particulier pour la Dame de Sardini, mais commun auec eux tous, qui ſe pretendoient heritiers *ab inteſtato* du ſieur de Limeuil: & en cas de teſtament, auoient touſiours diuerſes pretentions de legitimes, & autres droicts, à cauſe du decés de leurs freres ſans enfans: ſur toutes leſquelles pretentions elles ont tranſigé auec Monſieur de Boüillon, & ont receu de luy les ſommes de deniers conuenuës & accordées.

La troiſieſme fin de non receuoir eſt, Que par la tranſaction faicte auec les parties aduerſes, le 19. Feurier 1610. il appert qu'ils ont eu cognoiſſance des pourſuites de la Dame de Sardini leur tante, & de l'inſcription en faulx par elle formée & pourſuiuie: & partant, qu'ils ont tranſigé ſur le pretendu faulx. L'Arreſt de l'année 1600. eſt datté & mentionné bien diſertement en ceſte tranſaction: Elle fut faicte eux eſtans en pleine majorité, en ceſte ville de Paris, apres pluſieurs conferences & aſſemblées de conſeil au logis de Me Anne Robert, où ſe trouua pluſieurs fois le ſieur de Sainct Iean, & il ne ſçauroit deſnier qu'en toutes ces conferences il n'ait touſiours eſté aſſiſté de Me Louys Dolé ſon conſeil, & encore de Me Pierre de la

Coste Aduocat au Parlement de Tolose, qu'il auoit fait venir expres. Quelle apparence de dire qu'il ait esté deceu & trompé? Est-il à croire que ces personnages tres-bien versez & experimentez aux affaires, ayant veu l'Arrest qui fait mention de diuerses inscriptions en faulx, & moyens de faulx baillez & declarez admissibles, & diuerses informations sur iceux, ne se soient point aduisez de considerer, & que le sieur de Sainct Iean n'ait bien meurement consideré auec eux, que les Testamens du sieur de Limeuil ayant esté produits & mis au Greffe sur l'instance d'inscription en faulx, l'Arrest depuis interuenu auoit iugé & terminé l'instance au profit de Monsieur de Boüillon, comme heritier institué par le sieur de Limeuil? Ayant donc veu, examiné, & consideré tout cela, & sur ce ayant transigé, n'est-il pas vray de dire qu'ils ont recognu l'Arrest donné contre la Dame de Sardini leur tante commun auec eux, & qu'ils ont transigé sur l'execution de l'Arrest, & par consequent sur l'instance de faulx?

Or celuy qui vne fois a transigé apres vne instance de ceste qualité, n'est pas receuable puis apres à former aucune inscription. C'est la respõse que font les Empereurs sur vne requeste semblable à la demãde des parties aduerses: *Ipse significas, quum primum aduersarij instrumenta protulerunt, fidem eorum te habuisse suspectam: facta igitur transactione, difficile est, vt is qui prouinciam regit, velut falsum, cui semel acquieuisti, tibi accusare permittat. l.7. C. ad L. Corn.*

*de fal.* Au faict qui se presente, les parties aduerses *amplius quam suspectam habuere fidem instrumentorum:* car ils ont veu & ont trouué vne instance de faulx poursuiuie par leur tante fort animeusement & sans aucune preuarication: Ils ont eu tout loisir d'examiner les moyens de faulx qu'elle auoit fournis, & les informations qu'elle auoit faict faire sur iceux : Ils ont eu assez de temps d'auiser s'ils auoient moyen de les faire valoir, ou de les verifier mieux qu'elle n'auoit faict. Apres tout cela donc ayant transigé, sur l'execution de l'Arrest interuenu en l'instance de faulx, c'est vne fin de non receuoir indubitable contre l'accusation & inscription qu'ils veulent calomnieusement renouueler.

Par dessus toutes ces fins de non receuoir il y en a encore vne, qui seule seroit plus que suffisante pour fermer la bouche aux parties aduerses. C'est la prescription, acquise depuis que les Testamens & Codicille du sieur de Limeuil ont esté produits, qui est de plus de vingt ans, auant qu'ils eussent formé leur inscription en faulx.

L'inscription en faulx est vne accusation, c'est vne instance & vne action criminelle, subjecte au temps, que les loix ont prescript & prefini pour la recherche des crimes. Il y a des actions criminelles qui se prescriuent par vn an : c'est à dire que la faculté de les intenter ne dure qu'vn an, comme est l'action d'injure: il y en a qui durent cinq ans, comme est l'accusation d'adultere: mais il n'y en a point qui puiſſe eſtre intentée apres vingt ans. L'eſpace de vingt ans en droict eſt appellé *vetuſtas, longiſſimum tempus*, en la loy derniere *De aqua plu.* & par ce long eſpace de temps ſuruiennent infinis changemens aux affaires humaines : de ſorte que ſouuent l'innocence & la verité ſeroit opprimée, ſi l'accuſation eſtoit receuë apres vn ſi long temps, pendant lequel vn calomniateur auroit eu loiſir de machiner & preparer toutes ſortes de fraudes, ſuborner & fabriquer de fauſſes preuues : & l'accuſé qui ſe ſeroit repoſé & endormy ſur ſa bonne foy, auroit perdu les moyens de iuſtifier ſon innocence & la verité de ſon tiltre. C'eſt pourquoy entre les anciens, aucuns auoient eſté d'aduis de reſtreindre & borner l'accuſation de faulx dans vn temps plus court que de vingt ans : Toutesfois la plus commune opinion fut ſuiuie, qu'elle demeureroit dans la regle generale des autres crimes, dont l'accuſation ſe preſcrit par vingt ans. Et les Empereurs Dioclet. & Maxim. firent l'ordonnance que nous auons en la loy *Querela. Ad L. Corn. de fal. Querela falſi temporalibus præſcriptionibus non excluditur, niſi viginti annorum exceptione, ſicut cetera quoque fere crimina.* Ils vſent de ceſte particule, *fere*, pource qu'il y en a qui ſe preſcriuent, ainſi que dit eſt, par moindre temps, à ſçauoir par vn an, & par cinq ans : mais il n'y en a aucun, pour raiſon duquel l'action ou l'accuſation puiſſe eſtre exercée apres vingt ans. Euſtathius l'Anteceſſeur l'explique bien clairement, & se sert d'vne forme de parler semblable à celle des Empereurs : τὰ ἐγκλήματα εἴκοσι ἐνιαυτοῖς φθείρεται, χωρὶς τῆς μοιχείας καὶ τοῦ δεπεκουλάτεις. ταῦτα γὰρ τῇ πενταετίᾳ σβέννυται, ὃ δὲ περὶ ὕβρεως, δι' ἐνιαυτοῦ. *Accusationes viginti annis abolentur, exceptis adulterij & depeculatus. etenim hæ quinquennio extinguuntur: actio verò iniuriarum, anno.*

La Glose d'Accurse sur ceste loy *Querela*, a esté mal digerée, & a mis en l'esprit de quelques Praticiens vne opinion peruerse, qu'il y a difference entre l'action concernant la punition & vengeance du crime, & l'action qui concerne la restitution de la chose pretenduë vsurpée par le moyen du crime : & que le crime peut estre prescrit par vingt ans, mais non la repetition de la chose, comme estant vne action ciuile, qui dure trente ans. Et ceste doctrine erronée se trouue auoir esté suiuie par quelque espace de temps : en sorte que l'on declaroit le crime esteint & prescrit ; & neantmoins on cõdamnoit l'accusé à la restitution de la chose, ou en quelque somme de deniers pour l'interest de la partie ciuile. Tellement que ceste maniere de pronõcer tomboit en l'inconuenient d'vne grande absurdité. Par exemple : Vn vol pretendu commis il y auoit plus de vingt ans : on demeuroit d'accord que l'action criminelle estoit prescritte, la poursuitte non receuable : & neantmoins on permettoit d'agir pour la restitution des choses que l'on pretendoit auoir esté volées. *O sententiam necessitate confusam*, disoit Tertullian sur vn semblable ſuject, *parcit & ſæuit: diſſimulat & animaduertit.* Et comment pouuoit le demandeur obtenir condemnation pour la reſtitution de la choſe qu'il pretendoit luy auoir eſté volée, ſinon en verifiant le vol par preuues certaines & indubitables? Et le vol eſtant ainſi clairement verifié, quelle iuſtice y auoit-il de ne pas punir le criminel?

Il faut donc qu'il y ait vne raiſon de la loy *Querela*, que ces praticiens n'ayent pas entenduë. Et pour ne rien diſſimuler, la Gloſe eſt impertinente; les diſtinctions ſont friuoles, & les textes des Iuriſconſultes citez mal à propos; comme recognoiſtra quiconque ſe dônera la patience de les verifier. La vraye raiſon de ceſte loy eſt, qu'en matiere d'accuſations intentées apres vn long-temps, l'accuſateur y vient à deſſein, preparé, & ayant fait prouiſion de tout ce qu'il a iugé luy pouuoir ſeruir. L'accuſé au contraire eſt ſurpris lors qu'il y penſe le moins, & apres que le long temps luy a oſté ou affoibly les moyens de ſe iuſtifier. Ce long temps en matiere criminelle, & nommément en l'inſcription en faulx, eſt de vingt ans; tellement qu'apres vingt ans on tient l'accuſé innocent, le teſtament veritable, la poſſeſſion iuſte. La loy ne permet pas que l'on le trouble: elle ne reçoit pas l'action, elle rejecte l'accuſation, *querela excluditur:* elle ne dit pas ſimplement, *crimen extinguitur*, mais *querela criminis excluditur*: elle prohibe d'en faire aucune plainte, d'en intenter aucune action apres vingt ans, ny ciuile ny criminelle: mais dans les vingt ans elle permet l'vne & l'autre. Le mot *querela*, les comprend toutes deux. *De fide testamenti querenti duplex via litigandi tributa est. l. 16. Ad L. Cornel. de fal. De fide delicti vel per accusationem, vel per priuatum iudicium quereris. l. 17. eod.* Et neantmoins entre nous il n'y a qu'vne voye de se plaindre du faux, qui est la criminelle, l'accusation & l'inscription: & sans l'inscription nul n'est receuable à dire que la piece est faulse. Donc apres vingt ans *non licet queri, querela excluditur*, & partant l'inscription en faulx non receuable. Car l'inscription est vne accusatiõ, laquelle se poursuit & instruit extraordinairement: Et toute accusation presuppose vn crime: Et la loy au contraire, apres vingt ans presuppose innocence, ferme la porte à l'accusateur. Ce n'est pas qu'elle iuge que le crime soit esteint: mais elle esteint l'accusation, & iuge qu'il n'y a point de crime, & que celuy, que l'on veut accuser, auroit preuue de son innocence, n'estoit le long temps, & partant qu'il vaut mieux le tenir pour innocent. *Humanæ rationis est fauere miserioribus: & prope innocentes dicere, quos absolute nocentes pronunciare non possumus*, dit le Iurisconsulte *Paulus lib. iiij. Sent. tit. 12.*

C'est vne regle de droict, qui sert grandement au repos de la religion des Iuges, Qu'en tout iugement, où il semble y auoir quelque iniustice de part & d'autre, il faut incliner du costé où il y a moins d'iniustice. Et ce poinct de cõscience est excellemment traitté par Aristote, Probleme XXVIII. où apres auoir examiné la question, il conclud & dit:

ἐπ

ἔστι γὰρ ὅταν τις ἀμφιδοξῇ, τὰ ἐλάττω τῶν ἁμαρτημάτων αἱρετέον. *Vbicumque iudex ambigit, eligenda est minor iniquitas.* Et c'est ce qui est rapporté du Iurisconsulte Iauolenus en la loy CC. *De reg. iuris. Quotiens nihil sine captione inuestigari potest, eligendum est quod minimum habeat iniquitatis.* Exemple. Il y a de la perplexité au iugement de la condition d'vne personne, s'il est serf ou libre : Aristote dit qu'il est plus seur de le iuger libre : car s'il est iniuste à vn iuge d'affranchir vn serf, il luy est beaucoup plus iniuste d'asseruir vn qui est franc : δεινὸν γὰρ καὶ τὸ, τοῦ δούλου, ὡς ἐλεύθερός ἐστι, καταγνῶναι· πολὺ δὲ δεινότερον ὅταν τις τοῦ ἐλευθέρου ὡς δούλου καταψηφίσηται. *nam etsi iniquum etiam est, liberum asseruisse qui seruus est : longe tamen iniquius, seruum sanxisse qui liber est.* Ceste raison est suiuie par le Iurisconsulte en la loy I. *De ventre in possess. mitt.* Vlpian dit : *Sed & si incertum sit, aliquo tamen casu possit existere, quo qui editur suus futurus sit, ventrem mittemus in possessionem.* De premier abord il semble qu'il y ait en cela quelque iniustice, de deliurer vne partie du bien d'vn defunct, & l'attribuer à celuy duquel on est encore incertain s'il aura quelque droit en la succession du defunct. Et neantmoins c'est iustice, en comparaison d'vne bien plus grande iniustice, en laquelle on pourroit tomber en iugeant autremét. *Æquius est vel frustra nonnunquam impendia fieri, quam denegari aliquando alimenta ei qui dominus bonorum aliquo casu futurus est.* Ceste doctrine est renduë plus familiere & plus intelligible par l'hypothese du paragraphe ſuiuant : *Quare & ſi ita exheredatio facta ſit, Si mihi filius vnus naſcetur, exheres eſto : Quia filia naſci poteſt, vel plures filij, vel filius & filia, venter in poſſeſſionem mittetur. Satius eſt enim ſub incerto eius qui edetur, ali etiam eum qui exheredatus ſit, quam eum qui non ſit exheredatus fame necari, ratumque eſſe debet quod deminutum eſt, quamuis is naſcatur qui repellitur.* Autre exemple *in Carboniano edicto.* Il ſ'agit de l'eſtat d'vn enfant, pupil : on pretend qu'il eſt ſuppoſé. La cauſe, par la diſpoſition de droit, ne doibt eſtre iugée, que lors que le pupil aura atteint l'aage de puberté. Pendant ce temps-là ſera-il nourri & entretenu aux deſpens de la ſucceſſion du defunct? Il eſt iniuſte de luy donner aucune part de la ſucceſſion, ſ'il eſt ſuppoſé. Mais d'autre coſté il eſt bien plus iniuſte de priuer de nourritures & d'entretenement, celuy qui peut-eſtre ſe trouuera legitime & non ſuppoſé. Et en ceſte ambiguité Vlpian dit qu'il faut nourrir & entretenir aux frais de la ſucceſſion, celuy que l'on pretend eſtre ſuppoſé : *nec mirum debet videri, hereditatem propter alimenta minui eius, quem fortaſſe iudicabitur filium non eſſe, cùm omnium edictis venter in poſſeſſionem mittatur, & alimenta mulieri præſtentur, propter eum qui poteſt non naſci. majorque cura debeat adhiberi, ne fame pereat filius, quam ne minor hereditas ad petitorem perueniat, ſi apparuerit filium non eſſe. l. 5. §. An autem. De Carbon. edic.*

Il vaut donc mieux en telles rencontres franchir ce qui ſemble eſtre quelque eſpece d'iniuſtice, pour euiter le danger d'vne bien plus grande. Ainsi le Iurisconsulte Iulianus en la loy *Ita vulneratus. Ad leg. Aquil.* prend resolution en ces termes : *Quod si quis absurde à nobis hæc constitui putauerit, cogitet longe absurdius aliter constitui.* Et au fait qui se presente, quand on dit que l'inscription en faulx n'est pas receuable contre vn testament qui a sorty effect il y a plus de trente ans, & qui a esté produit en iugement, & mis au Greffe de la Cour il y en a plus de vingt cinq; si quelqu'vn se veut imaginer qu'il y a de l'iniustice de ne pas escouter celuy qui apres vingt ans se plaint & accuse le testament de faulseté, *cogitet longe iniquius fore*, de vexer & opprimer l'innocence, en admettant l'accusation apres vne si longue securité : & qu'il est plus iuste de ne pas permettre apres vingt ans la recherche d'vne pretenduë faulseté, qu'en la permettant exposer l'innocence à l'iniure d'vn si long temps.

Voila donc la raison de cette loy *Querela*, qui prohibe non seulement la vengeance, mais aussi la recherche & poursuitte de tous crimes apres vingt ans. Loy qui est generale, & qui ne distingue point le crime d'auec l'interest ciuil; tient & repute l'accusé innocent, & le tiltre, accusé de faulseté, veritable.

Or s'il a esté necessaire d'establir ceste loy en faueur & pour la conseruation de l'innocence, seroit il raisonnable de la violer & enfraindre au peril & fortune & au preiudice de la mesme innocence? Reprenons encore l'exemple touché cy dessus. *In edicto Carboniano*, quand il est questiõ de iuger l'estat d'vn pupil que l'on maintient auoir esté supposé: (Et la supposition de part est vne espece de faulx) la loy veut que le iugement de telles affaires soit remis & differé iusques au temps de la puberté du pupil, & ce, en faueur du pupil, afin que son estat ne soit mis en controuerse en vn temps auquel il ne se peut defendre. Mais s'il y a apparence qu'en vsant de ce delay la cause du pupil puisse deuenir plus obscure & douteuse, & ses preuues deperir par le temps, En ce cas le iugement ne doit pas estre differé, & ne faut point obseruer, au desauantage du pupil, vne loy, laquelle a esté faite en sa faueur. *D. Hadrianus ita rescripsit : Quod in tempus pubertatis res differri solet, pupillorum causa fit; ne de statu periclitentur ante quam se tueri possint.* Puis il adiouste: *Non debet aduersus pupillos obseruari, quod pro ipsis excogitatum est. l.3. De Carbon. ed.* En ce mesme endroit Vlpian fait plusieurs belles considerations, & dit: *Finge esse testes quosdam qui dilata controuersia aut mutabunt consilium, aut decedent, aut propter temporis interuallum non eandem fidem habebunt: vel finge esse anum obstetricem, vel ancillas quæ veritatem pro partu possint insinuare, vel instrumenta satis idonea ad victoriam, vel quædam alia argumenta, vt magis damnum patiatur pupillus, quod differatur cognitio, quam compendium quod non repræsentatur; finge pupillum satisdare non posse, & admissos in possessionem qui de hereditate controuersiam faciunt, multa posse subtrahere, nouare, moliri: Aut stulti, aut iniqui*

*Prætoris erit rem in tempus pubertatis differre cum summo ejus incommodo cui consultum velit.* Toutes ces considerations se peuuent fort aisément appliquer au fait dont il s'agit, posant la faueur & l'estat d'vn testament au lieu de la faueur & de l'estat d'vn pupil. *Finge fuisse testes, qui, admissa vel retractata post viginti annos testamenti controuersia, aut mutauerint consilium, aut decesserint, aut propter temporis interuallum non eandem fidem habebunt: vel, finge perijsse seruos, aliosve, qui veritatem pro testamento poterant insinuare, vel instrumenta satis idonea ad victoriam, vel quædam alia argumenta, vt magis damnum patiatur veritas & fides testamenti, quod post longissimum tempus retractetur: finge, admissos ad accusationem qui de testamento controuersiam faciunt multa posse subtrahere, nouare, moliri:* En ce cas il est sans doute que le mesme Iurisconsulte se seruiroit de la mesme forme de prononcer, & diroit qu'il n'est pas raisonnable, *rem post longissimum tempus retractare, cum summo veritatis innocentiæque incommodo, cui consultum judex velit.* Disons donc auec l'Empereur Hadrian, *Quod post viginti annos querela falsi excludi solet, testamentorum caussa fit, ne de statu periclitentur, postquam se tueri minime possunt. Nec debet in perniciem testamentorum violari, quod pro ipsis excogitatum est.* Si c'est quelquefois iustice de ne pas obseruer au desauantage du pupil vne loy qui n'a esté faite qu'en sa faueur; Par la mesme raison, en matiere de testament, ce seroit vne grande iniustice de vouloir, au peril de la volonté du defunct, & de la bonne foy de son heritier institué, violer la loy de la prescription de vingt ans, laquelle a esté establie pour conseruer l'vn & l'autre.

Vlysse dans Homere n'auoit esté absent que dix-huict ans, & quand il est de retour en son païs, en sa propre maison, on ne le recognoist plus ; ses domestiques, sa femme, son pere ne le recognoissent point : Et toutesfois il estoit tres-veritable que c'estoit luy-mesme.

*Tantum æui longinqua valet mutare vetustas.*

Tellement que la verité & l'innocence ont bien suject de se plaindre, quand on les veut plonger dans ce nuage, dans lequel se forge la calomnie : & la voix de leur plainte est semblable à celle de Laberius, en ces vers :

*Vt edera serpens vires arboreas necat,*
*Ita me vetustas amplexu annorum enecat.*

Aristote au IIII. liure de la Physique, blasme ceux qui disoient, χρόνον εἶναι σοφώτατον, que le Temps estoit vn grand maistre & bien sage : ὅτι πάντα ἐν τῷ χρόνῳ γίνεται καὶ φθείρεται, pource que toutes choses se font & se ruinent par le temps : Au contraire, dit-il, pour ceste mesme raison, l'opinion de Paron Pythagoricien est la meilleure, χρόνον εἶναι ἀμαθέστατον, que le Temps est l'auteur de l'ignorance, de l'incertitude, de l'ambiguité, ὅτι πάντα ἐπιλανθάνονται ἐν τούτῳ, pource qu'il efface & abolit la memoire de toutes affaires humaines. Par la reuolution de plusieurs années toutes choses se gastent, deperissent, s'éuanoüissent, viennent à deſchoir, & ſont en fin reduites à neant. C'eſt le naturel & le propre du Temps de gaſter & corrompre tout, & cela ſe faict inſenſiblement: on ne ſ'en apperçoit pas: il n'y a rien à faire, il ne fault que laiſſer paſſer & couler le Temps: Mais ſ'il faict, ou eſtablit quelque choſe, c'eſt contre ſon ordinaire, c'eſt par accident, & par l'entremiſe ou par le ſoin & l'artifice que l'on y apporte durant ce meſme Temps. Or ce qui ſe faict ainſi par accident & par artifice, n'eſt pas aſſeuré ny conſtant: ains eſt ſubject à beaucoup de fraudes. Tellement qu'il eſt plus ſeur de tenir que le long Temps nuiſt à la verité & à l'innocence, puis que c'eſt ſon naturel; & le contraire n'eſt que par accident. Et pour ce, les loix ayant recognu ce mal, ont eu le ſoin d'y apporter vn remede preſent, & par le Temps meſme: à l'exemple des Medecins qui guariſſent la bleſſure du Scorpion par le Scorpion meſme, en l'appliquant & le faiſant mourir ſur la bleſſure. C'eſt l'extremité venimeuſe du Temps qui bleſſe la Verité & l'Innocence: les loix appliquent ce Temps ſur le mal, & le mal ceſſe. Ce remede eſt la preſcription dont il ſ'agit, par le moyen de laquelle apres vingt ans, la verité & l'innocence eſt preſeruée contre la calomnie, contre l'impoſture, contre l'iniure du Temps. S'il en demeure quelque cicatrice, telle que nous en voyons icy de l'inſcription en faulx que fit autres-fois la Dame de Sardini, ceſte meſme cicatrice faict recognoiſtre la verité, comme le vray Vlyſſe.

Ces raiſons bien conſiderées, ont faict que les eſprits des Iuges ont recognu l'erreur de la Gloſe d'Accurſe, & ſe ſont remis dans le vray ſens de la loy *Querela*, & ont depuis iugé, comme la loy le veut, que l'effect de la preſcription des vingt ans n'eſt pas d'eſteindre le crime, mais de tenir l'accuſé pour innocent, & l'acte accuſé de faulx pour veritable: Et cela eſtant, qu'il n'y a lieu de demander apres vingt ans ny reparation ciuile, ny reſtitution quelconque. Il y a nombre d'Arreſts ſur ceſte deciſion. Suffira d'en remarquer vn, lequel a eſté donné en l'audience de la Chambre de l'Edict l'vnzieſme Feurier 1604. & eſt ſi precis qu'il n'en faut plus douter. Vn particulier eſtoit accuſé de meurtre & de vol de marchandiſes de valeur de dix mil liures: & apres vingt ans en eſtoit pourſuiuy. Il ſe defendoit de la preſcription introduite par la loy *Querela*. & ſur ce le demandeur ſ'eſtoit reduit à la reſtitution des marchandiſes par vne action perſonnelle qu'il diſoit durer iuſques à trente ans: Arreſt interuint, & l'accuſé fut enuoyé abſouls non ſeulement de la pourſuite criminelle, mais auſſi de la reſtitution des marchandiſes. Voila donc l'innocence aſſurée contre le dommage & le tort que luy pourroit faire le laps de vingt ans. Reſte d'obſeruer depuis quel temps il faut compter les vingt années.

Les parties aduerſes diſent qu'il y a difference pour ce regard entre les autres crimes & le crime de faulx: & que, par exemple, quand vn homme a

eſté

esté tué, si ceux qui sont interessez en sa mort ne s'en plaignent, ou ne font leurs poursuittes que vingt ans apres, l'accusé a prescrit, & est bien fondé à soustenir qu'ils sont non receuables: & eux ne peuuent alleguer pour pretexte de leur silence d'auoir ignoré le faict: c'estoit vne personne de leur famille, qui manquoit aux siens, estoit desiré d'eux, ils deuoient rechercher la cause de son absence. Mais celuy contre lequel on fabrique vne faulse piece, peut ignorer le temps de la falsification, l'acte luy peut estre tenu secret & caché, & n'estre mis en euidence que vingt ans apres.

En ce cas on pourroit dire, que celuy qui n'a senty aucun effect d'vn tel acte, & au contraire a ioüy, & est demeuré en possession des biens que l'on luy veut oster en vertu d'vn tiltre daté il y a plus de vingt ans, seroit bien receuable à s'inscrire en faulx, quand on viendroit à le troubler en vertu d'vn tel acte. Comme, si les parties aduerses depuis le decés du sieur de Limeuil auoient ioüy des biens de la succession, & qu'à present Monsieur le Duc de Boüillon les vinst troubler & commençast à mettre en euidence les Testamens & Codicille du sieur de Limeuil; il y auroit apparence de dire qu'ils seroient receuables à s'inscrire en faulx contre ces Testamens, soustenant qu'ils auroient esté faicts & antidatez depuis vingt ans. Car ceste inscription en ce cas ne seroit pas vne demande ny vne action, *quæ certo tempore finitur;* mais seroit vne defense & vne exception, *quæ perpetuo competit. quum actor quidem in sua potestate habeat quando vtatur suo iure: is autem cum quo agitur, non habeat potestatem quando conueniatur,* comme il est dit en la loy *Pure.* §. *fin. De doli mali & met. excep.* Et toutesfois en ce cas-là mesme si Monsieur de Boüillon faisoit voir que ces Testamens eussent esté faicts & produits vingt ans auparauant, & qu'apres auoir esté produits, la cognoissance luy en eust esté ostée par le dol des parties aduerses, il auroit subject de repliquer contre l'exception, & les soustenir encore non receuables en leur inscription, pource qu'elle viendroit à tard, à sçauoir vingt ans apres que les actes auroient esté faicts & produits, & faudroit presumer pour l'innocence & pour la verité d'iceux.

Mais nous sommes en termes bien plus forts. Car non seulement ces Testamens ont esté produits dés l'année 1594. & ce, contre la tante des parties aduerses: mais dés l'année 1591, que deceda le sieur de Limeuil, Monsieur de Boüillon fut mis en possession des biens du defunct, en laquelle il a esté maintenu par Arrest de l'année 1600. & depuis y a tousiours continué. Et dés le commencement de ceste possession ils ont bien sceu qu'il y auoit Testament, & en ont senty l'effect, ayans esté exclus d'vne ample succession en laquelle ils eussent eu part si le sieur de Limeuil fust decedé intestat. Et pour reprendre l'exemple par eux proposé; Si au cas d'vn homicide, les parens ou heritiers du defunct ne se plaignent de l'homicide qu'apres vingt ans, ils ne peuuent pas alleguer pour excuſe de leur ſilence d'auoir ignoré l'homicide, pource que c'eſtoit vne perſonne de leur famille, & eſtoit deſiré d'eux: Et comment peuuent les parties aduerſes apres trente ans alleguer auoir ignoré qu'il y euſt teſtament? La poſſeſſion de Mõſieur de Boüillon leur a bien faict cognoiſtre. Car autrement elle ne pouuoit ſubſiſter. Et quand ils ſe ſont trouuez exclus de la ſucceſſion, ils ont bien ſenty que ceſte ſucceſſion leur manquoit: elle leur eſtoit auantageuſe: ils la deſiroient. Eſt-il à croire qu'ils ſoient demeurez ſi long temps en vne ſi grande ſtupidité, qu'ils ne ſe ſoient point informez de la cauſe qui les empeſchoit d'en ioüir?

Apres auoir vagué dans la temerité de leur inſcription, ils ſe ſont en fin abbatus & reduits à deux ou trois moyens: mais ſi foibles, qu'il ſuffira de les deſigner & repreſenter tels qu'ils ſont.

Le premier eſt ridicule. Nous n'auons pas, diſent-ils, ignoré qu'il y euſt teſtament: la longue poſſeſſion de Monſieur de Boüillon nous l'a monſtré: l'Arreſt de l'année 1600. nous l'a declaré: & nous l'auons recognu par la tranſaction que nous auons faite en 1610. mais nous auons ignoré que les teſtaments fuſſent faulx, & le cours de la preſcription des vingt ans, n'a peu commencer que depuis que la pretendue faulſeté de ces teſtaments eſt venuë à noſtre cognoiſſance. Si cela eſtoit, il n'y auroit iamais de preſcription. Vn calomniateur pourroit touſiours dire que ce n'eſt qu'à preſent qu'il auroit eu cognoiſſance de la faulſeté, & par ce moyen l'accuſation viendroit touſiours dans les vingt ans, *etiam* apres cent ans. Mais ce n'eſt pas ainſi que cela ſe doit entendre. Il eſt vray que les parties aduerſes n'ont pas eu cognoiſſance de la pretenduë faulſeté des Teſtaments du Sieur de Limeuil. Car il n'y a point de faulſeté, ils ſont tres-veritables. Mais à l'eſtabliſſement de la preſcription dont il s'agit, ny la ſcience, ny l'ignorance, ny la minorité, ny l'abſence de l'accuſateur, ne ſont nullemét à conſiderer. Les preſcriptions ordinaires ſont introduites, *ne dominia maneant in incerto*: afin d'exciter les hommes, & les tenir plus vigilans & ſoigneux à la pourſuitte de leurs droits: Mais la preſcription des vingt ans en matiere criminelle a eſté introduitte par commiſeration de la condition des affaires humaines : les loix ont eu pitié de la condition de celuy qui ſe trouue accuſé apres vingt ans, apres que le temps luy a fait perdre tous les moyens de ſe iuſtifier. Elles ont donc iugé neceſſaire d'aſſeurer l'innocence, non pas tant contre la pourſuitte des hommes, que contre l'iniure du temps: iniure qui feroit ſon effect contre l'innocence & contre la verité, auſſi bien durant la minorité, ignorance, ou abſence de l'accuſateur, qu'autrement.

Ils adiouſtent, Qu'ils ont interrompu ceſte preſcription par la tranſaction de l'année 1610. Au contraire, ceſte tranſaction approuue & recognoiſt la foy & la verité des Teſtamens. Et quelque pourſuitte qu'ils ſ'imaginent auoir troublé la poſſeſſion de Monſieur de Boüillon, elle n'a fait aucune interruption, ny donné aucun empeſchement à la preſcription des vingt ans, laquelle ne peut eſtre interrompuë que par vne accuſation & inſcription en faulx. Il ne ſ'agit pas à preſent de iuger l'inſtance de reſciſion intentée contre la tranſaction de l'année 1610. C'eſt vne inſtance qui ſe iugera à part & en ſon temps. Celle qui ſe preſente eſt vne inſtance criminelle, qui n'a commencé qu'en 1620. lors que les parties aduerſes ont formé leur accuſation & inſcription en faulx: ſans laquelle inſcription, l'accuſation de faulx n'eſt pas conſiderable ny receuable. Et lors qu'ils ſe ſont inſcripts, la preſcription n'auoit point eſté interrompuë: elle eſtoit tout acquiſe, car il y auoit plus de vingt ſix ans que les Teſtaments & Codicille auoient eſté produits & mis au Greffe.

Finalement ils diſent, & preſque en toutes les pages de leurs eſcritures, que leur inſcription en faulx n'eſt pas vne inſtance criminelle. Qui eſt vne grande abſurdité. Car le faulx & la faulſeté, & nommément la falſification d'vn teſtament, à deſſein de ſ'emparer du bien d'autruy, eſt vn crime, & vn crime vilain, atroce & infame. C'eſt pourtant ce qu'ils obiectent à Monſieur de Boüillon, quand ils ſouſtiennent que ſes officiers & domeſtiques ont fabriqué les Teſtaments & le Codicille qu'ils accuſent de faulx. Celuy qui auroit fait faire de tels actes, & qui ſ'en ſeruiroit, & les maintiendroit veritables, ne seroit pas moins coulpable & criminel, que ceux qui les auroient fabriquez. Mais les annexes & les circonstances de ceste pretendue faulseté, inculquées au commencement & à la fin de chaque periode de leurs escritures, sont horribles & execrables. On y voit vn Charles de la Tour, frere du Sieur de Limeuil, assassiné ; vn Iacques de la Tour, son autre frere, estranglé par les meurtriers de Charles: le Sieur de Limeuil empoisonné: Bechadergues Notaire, qui a receu le Codicille, empoisonné par son propre fils: & ce fils peu apres esteint par le mesme genre de mort. Tout cela faict, disent-ils, pour preparer & establir la faulseté de ces deux Testaments & du Codicille, par les agens, officiers & domestiques de Monsieur le Duc de Boüillon. Voila ce qu'ils mettent en auant: Voila dequoy est composée leur inscription en faulx. Et c'est ce qu'ils appellent vne instance ciuile. Mais c'est ce que la calomnie ose attenter contre l'innocence apres vingt & trente ans. Fables & mensonges impudemment controuuez, & qui n'ont autre fondement que la temerité, dans la nuict & dans les tenebres d'vn si long temps. Ils croyent pouuoir imposer & tromper impunément, pource qu'ils parlent de loing. Semblables à ceux qui nous figurent des chartes geographiques de lieux & païs fort esloignez, & nous y representent des Tritons, des Nereïdes, des Chimeres & Hippocentaures, & autres monstres qui ne furent & ne seront iamais en la nature. L'impudence est d'autant plus insupportable, que le Sieur de S. Iean, qui se sert de ces moyens, & qui faict escrire ces impostures contre la memoire de Monsieur le Duc de Boüillon, est atteint & preuenu de crimes, pour raison desquels il a esté condamné à mort par Arrest donné par defauts & contumaces au Parlemét de Bourdeaux. Arrest qui subsiste, puis que la contumace n'a point encore esté purgée. Mesmes il y a preuue, qu'au mois de Iuin 1613. il enuoya querir Iacques Bechadergues Notaire Royal, qui a receu & signé le Codicille du Sieur de Limeuil, & feignant le vouloir employer en quelque affaire & traitté de mariage, l'attira dans sa maison de Blanquefort : où l'ayant retenu & faict garder comme vn prisonnier iusques au mois de Decembre, il le feit conduire au bourg de Moulieres en Querci : où estant, il le força & contraignit de transcrire vn papier en forme de testament, par lequel il faisoit tester ce Notaire, & declarer que le Codicille du Sieur de Limeuil est faulx, & que luy en qualité de Notaire, François Bournasel & autres tesmoins numeraires l'auoient signé par force & par la violence des gens de Monsieur le Duc de Boüillon. Il est aussi verifié que ledit Sieur de Roquefeuil ayant depuis esté aduerty que ce pauure homme se vouloit plaindre de cét outrage & faulse declaration, il le feit reprendre & ramener au lieu de Blanquefort, où il le retint encore prisonnier, iusques à ce qu'en fin sur la plainte faicte par ses enfans, la Cour de Parlement de Bourdeaux donna commiſſion au Iuge de la ville de la Linde proche de Blanquefort, pour informer : & ſur l'information, le 21. Iuillet 1614. ordonna que le Sieur de Roquefeuil ſeroit aſſigné à comparoir en perſonne, & cependant luy enioignit de faire mener & conduire Bechadergues en la Conciergerie de la Cour, dans quinzaine, à peine de mil liures & de tous deſpens, dommages & intereſts. Auquel lieu Bechadergues ayant eſté amené, le 13. Octobre 1614. preſenta requeſte afin d'eſtre eſlargy, & par icelle expoſa la violence qui luy auoit eſté faicte par le Sieur de Roquefeuil, & que ce qu'il a teſté & declaré à Moulieres, eſt faulx, & ne l'a faict que par force & contrainte : & au contraire, que le Codicille du Sieur de Limeuil eſt veritable.

Ces preparatifs de l'inſcription en faulx des parties aduerſes, contre le Codicille, doiuent faire preſumer & croire qu'ils n'auront pas moins attenté contre les Teſtaments.

Et ce qui faict que la Dame Ducheſſe de Boüillon inſiſte ſur les fins de non receuoir alleguées cy-deſſus, n'eſt pas la deffiance de ſa cauſe : c'eſt le iuſte deſir d'euiter la vexation d'vne longue procedure : c'eſt la qualité de l'accuſateur qui ſe preſente à ceſte inſcription en faulx : Luy meſme atteint de falſification, de ſubornation, & de violence commiſe en la perſonne d'vn Notaire pour le contraindre de teſter faulſement ; & d'ailleurs accuſé de pluſieurs autres crimes enormes.

En ceſte accuſation de faulx la Dame Ducheſſe de Boüillon ayant baillé ſa requeſte à la Cour le 21. Iuin 1625. à ce que les parties aduerſes fuſſent declarez non receuables : Et au iugement d'icelle eſtant aduenu que du nombre de dixſept Iuges qui y ont opiné, neuf ont eſté d'aduis de receuoir l'accuſation, & huict au contraire, de la declarer non receuable : Il ſ'enſuit que l'abſolution doibt preualoir, puis que la matiere eſt criminelle, & d'autant plus criminelle, qu'il ſ'agit de l'honneur & de la memoire de defunct Monſieur le Duc de Boüillon. Memoire viuante & glorieuſe en la perſonne de ſa veuue & de ſes enfans : Honneur qui leur eſt plus cher & plus precieux que leur propre vie. Donc au iugement d'vne accuſation de telle importance, l'accuſateur n'ayant qu'vne voix de plus, *εἷς ἀνὴρ, οὐδεὶς ἀνήρ, vox vnius, vox nullius* ; les huict, qui tiennent pour l'abſolution, c'eſt à dire pour l'innocence & pour la verité des Teſtaments, doiuent obtenir. *Humanius eſt ſequi eius partis ſententiam, quæ ſecundum teſtamentum ſpectauit. l. Si plures. D. De in-offic. teſt.* Si cela a lieu en la queſtion d'inofficioſité, à plus forte raiſon doibt-il eſtre obſerué *in querela falſi*, où la loy preciſe & formelle exclud l'accuſation apres vingt ans.

NIC. RIGAVLT, *Aduocat de ladite Dame Ducheſſe.*